EMILE FAGUET

De l'Académie Française

LES Dɪx COMMANDEMENTS

De l'amour de soi

Publication original en 1909.

Priorum Editions

Paris | Casablanca

De l'amour de soi

Faguet, Emile (1847-1916)

Les dix commandements : de l'amour en soi / par Emile Faguet. -Nouvelle éd. – Paris ; Casablanca : Priorum Editions, 2015. – 1 vol. (67 p.) ; 21 cm. – Publication originale en 1909. – ISBN : 978-1517635107

Copyright © 2015, Libre de droits.
Reproduction autorisée.
ISBN: 1517635101
ISBN-13: 978-1517635107

De l'amour de soi

Table des matières

De l'amour de soi

LES DIX COMMANDEMENTS

Tu t'aimeras ici-même.

Tu aimeras la compagne.

Tu aimeras ton père, ta mère et tes enfants.

Tu aimeras ion ami.

Tu aimeras les vieillards.

Tu aimeras ta profession.

Tu aimeras ta Patrie.

Tu aimeras la vérité.

Tu aimeras le devoir.

Tu aimeras Dieu.

DE L'AMOUR DE SOI

Tu t'aimeras toi-même.

I. CE QUE C'EST QUE S AIMER

Il n'est pas de sentiment que les philosophes aient plus blâmé, condamné et raillé que l'égoïsme, « l'amour propre » comme dit La Rochefoucauld, l'amour de soi. Aristote y ramène toutes les passions et il faut entendre les passions mauvaises ; tout le Christianisme, par une interprétation peut-être fausse d'une parole de son fondateur, lui livre une bataille éternelle; Montaigne lui-même, cette fleur charmante d'égoïsme aimable, biaise avec son égoïsme et le présente comme un projet d'étudier l'homme en la personne de M. de Montaigne. Pascal dit de Montaigne : « le sot projet qu'il a de se peindre » et prononce l'arrêt, dont l'égoïsme ne s'est pas relevé : « Le moi est haïssable. » Renchérissant sur Aristote, La Rochefoucauld montre avec acharnement que l'amour propre est la source, non seulement de nos passions mauvaises, mais de ce que nous prenons pour nos

De l'amour de soi

vertus, et, plus dangereux déguisé qu'à visage découvert, se fait aimer, comme s'il en avait besoin, sous le masque des qualités qui sont le plus éloignées de ce qu'il est.

Il faudrait pourtant s'entendre, analyser, tâcher de démêler les mesures et les limites, l'excessif, le suffisant et peut-être le nécessaire ; et, par exemple, méditer un peu ces paroles de Bossuet : « Il ne faut pas permettre à l'homme de se mépriser tout entier, de peur qu'il ne se laisse mener à ses aveugles désirs. » S'il ne faut pas permettre à l'homme de se mépriser tout entier, il semble bien qu'il faille lui permettre de s'aimer ; car on aime toujours, et avec raison, ce que l'on estime. L'affection raisonnable c'est précisément l'estime qui s'attendrit et qui se mêle de sensibilité.

Il faut encore, au moins un peu, faire attention à cette boutade de Nietzsche : «Si, d'après Pascal et tout le Christianisme, notre moi est toujours haïssable, comment pouvons-nous autoriser et accepter que d'autres, hommes ou Dieu, se mettent à l'aimer ? Ce serait contraire à toute bonne convenance que de se laisser aimer alors que l'on sait fort bien que l'on ne mérite que la haine, pour ne point parler d'autres sentiments défensifs — Mais aimer qui ne le mérite point c'est justement le règne de la grâce — Votre amour pour le prochain est donc une grâce [un amour gratuit]. Votre pitié est donc une grâce ? Eh bien, faites un pas de plus ; aimez-vous vous même par grâce... »

De l'amour de soi

Et Nietzsche dit encore : « L'idée la plus sénile que l'on ait jamais eue au sujet de l'homme est dans le célèbre axiome : « le moi est toujours haïssable » ; dans celui qui émet cette pensée a l'expérience de l'homme a cessé. »

Sans vouloir chicaner Nietzsche et lui prouver que Pascal a surtout voulu dire : « Montrer le moi est haïssable » (« Vous, Miton, vous le cachez... ») et en reconnaissant que le Christianisme n'est pas favorable à l'amour du moi, je remarque qu'en thèse générale Nietzsche pose très bien la question; il ne lui restait qu'à l'éclaircir. Oui, dire: le moi est haïssable c'est cesser d'avoir l'expérience de l'homme, parce que le fond de lui-même étant lui, s'il se haïssait, il se détacherait de lui-même par une sorte de suicide moral, d'où s'ensuivrait quoi ? Qu'il serait ange, ce qui étant impossible, il resterait qu'il a ferait la bête » et c'est précisément ce que Bossuet comprenait admirablement tout à l'heure. C'est bien l'expérience de l'homme qui manque à ceux qui croient que le moi est haïssable; C'est bien l'expérience de l'homme qui a cessé chez eux, parce qu'ils se sont perdus dans l'amour de Dieu.

Il est très vrai, et qu'il est absolument impossible que l'homme ne s'aime point et qu'il ne serait pas bon qu'il ne s'aimât point du tout.

Je n'attache aucune importance ni aucun intérêt à cette idée de Nietzsche : l'individu est un microcosme « chaque être particulier comprend le processus tout entier, non seulement par hérédité, mais en lui-même, » et donc « il faut accorder à l'être particulier qui est nous-même une valeur énorme. » Cette « rectification de l'égoïsme » n'est pas juste ; car si l'on ne s'aime que comme être compréhensif du processus tout entier, c'est précisément alors qu'on ne s'aime point, mais le processus, mais l'humanité, mais le monde; et que l'on est un Marc-Aurèle au lieu d'un Aristippe ou d'un Ecclésiaste; et ceci n'est pas une rectification de l'égoïsme, mais un altruisme qui s'amuse à s'appeler amour de soi.

Mais je tiens grand compte au contraire de la suite du paragraphe que je viens de citer: « (1°) Lorsque l'instinct [d'amour de soi] se relâche, lorsque l'individu ne se cherche une valeur qu'au service des autres, on peut conclure avec certitude à de la fatigue et de la dégénérescence, (2°) L'altruisme du sentiment, sincère et sans tartuferie, dérive de l'instinct qui nous pousse à nous créer au moins une seconde valeur, au service d'autres égoïsmes. (3°) Mais dans la plupart des cas cet altruisme n'est qu'apparent : c'est alors méditer pour conserver son propre sentiment vital, son propre sentiment de valeur. » — Autrement dit et reprenant ces trois axiomes en sens inverse pour une exposition, à mon avis, plus claire: (3°) l'homme qui ne s'aime pas, qui se met tout entier au service des autres, se trompe sur lui-même, il s'aime très fort ; mais s'aimant d'une façon obscure, il a besoin de se retrouver, actif, vivant et ayant une valeur, dans son dévouement pour les autres ; (2°) quelquefois l'homme qui ne s'aime pas, vraiment ne s'aime pas, ne se trouve pas de valeur; mais il veut s'en créer une, en se mettant au service des autres et dans cette valeur

De l'amour de soi

substituée, il en arrive à s'estimer, c'est-à-dire à s'aimer encore; (1°) enfin l'homme qui ne se chercherait une valeur qu'au service des autres et qui ne l'y trouverait pas, serait absolument sans égoïsme, c'est-à-dire sans moi et ne serait qu'un fatigué et un dégénérescent. — Il n'y a rien à mon gré de plus juste que cette analyse.

D'abondant, remarquez que l'altruisme suppose l'égoïsme comme son moyen et que, à admettre qu'il en soit la cause finale, loin qu'à ce titre il le supprime, à ce titre il exige qu'il soit. Pour pouvoir faire quelque chose pour les autres il faut commencer — et continuer — par faire beaucoup pour soi. Il faut commencer et continuer par se développer en force, en santé, en intelligence, en endurance. Pour faire quelque chose pour les autres, il faut se lever de bien bon matin ; mais pour se lever de bien bon matin, il faut se mettre en possibilité de se lever tous les jours de très grand matin.

Remarquez ensuite que l'altruisme absolu ne serait pas moral. Qu'est-ce qu'un acte moral ? Reprenons toujours la pierre de touche de Kant : un acte moral est un acte que l'on voudrait qui fût érigé en règle universelle de conduite. Or, si vous êtes absolument altruiste, vous ne pouvez désirer que tout le monde soit absolument altruiste ; car alors vous' n'auriez pas d'égoïsme à qui vous dévouer. Bien plus, vous devez désirer qu'il y ait beaucoup d'égoïsmes au service desquels vous puissiez vous mettre. Bien plus, s'il n'y avait pas d'égoïsme autour de vous, vous en créeriez pour satisfaire votre goût ou votre volonté de sacrifice. Vous êtes donc très loin, aussi loin que possible, de désirer que ce que vous faites soit érigé en règle universelle de conduite. Par cela seul vous reconnaissez et déclarez que ce que vous faites n'est pas un acte moral.

Ce n'est pas, non plus, un acte immoral ; non, car un acte immoral c'est un acte qui est tel que l'idée qu'il serait érigée en règle universelle de conduite ferait frémir. Qu'est-ce donc que votre acte ? C'est un acte partiellement moral ; c'est un acte qui n'est moral qu'à la condition que d'autres actes différents de lui existent. Et qu'est-ce à dire ? Ceci, que, pour que l'altruisme soit bon, il faut que l'égoïsme existe.

— Oui, chez les autres.

— Oui et aussi chez vous ; car s'il existait chez les autres et l'altruisme seul chez vous, vous feriez des actes qui n'auraient pas de réciprocité, qui ne pourraient pas en avoir et qui par conséquent ne seraient pas un lien social, un lien humain. Vous inviteriez, par votre exemple, vos semblables à faire des actes qu'ils ne pourraient pas accomplir et par conséquent, si humain que vous fussiez à un point de vue, vous seriez antihumain en définitive.

Comprenez bien : vous seriez Dieu. Dieu, dans l'hypothèse des Déistes, fait le plus grand bien à

De l'amour de soi

l'humanité et ne peut, d'elle, en recevoir aucun. Il nous aime d'un amour pratique et nous l'aimons d'un amour stérile. Dès lors, si humain qu'il soit, il est antihumain en ce sens qu'il est en dehors de l'humanité. Il est celui à qui l'on ne peut faire ce qu'il fait ; il est celui qu'on ne peut servir ; il est celui qu'on peut aimer, sans pouvoir lui prouver son amour, et par conséquent, à vrai dire, qu'on ne peut aimer lui-même.

C'est pour cela, d'abord, que certains amants de Dieu, pour pouvoir l'aimer, ont inventé un Dieu qui n'est pas tout puissant, qui est combattu par une puissance égale ou presque égale à la sienne, qui, par conséquent, a besoin qu'on l'aide, qui, par conséquent, peut être aimé d'une façon pratique (Manichéens).

C'est pour cela, ensuite, que les chrétiens orthodoxes ont très heureusement mêlé, en la personne de Jésus, à une partie de divinité, une partie d'humanité, d'humanité souffrante, d'humanité qui se plaint, égoïste par conséquent ; que, donc, on peut aimer comme un homme ; dont on voudrait, se transportant au temps où il a souffert, diminuer les souffrances ou les partager; qu'on peut aimer enfin, en imagination - au moins, d'un amour pratique : « Ah I si j'avais été là avec mes barons ! » Voilà l'amour pratique.

De l'amour de soi

C'est pour cela enfin et surtout, pour pouvoir aimer un Dieu souffrant et égoïste, que les chrétiens orthodoxes considèrent encore en Jésus un Dieu souffrant et dénué, dont les pauvres et les souffrants sont les membres et qu'ils l'aiment en ses membres de l'amour le moins abstrait, le plus réel, le plus pratique et le plus fécond qui puisse être.

Remarquez le mot : a Que votre règne arrive » qui, dans la bouche et dans le cœur de la plupart des fidèles, de la foule chrétienne (car je sais bien qu'il a un autre sens) est un mot manichéen, veut dire : « Votre règne n'est pas arrivé, vous êtes combattu, soyez vainqueur ; je veux vous aider à l'être ; que le mal cesse, dont vous souffrez ; que les misères humaines cessent, dont vous souffrez ; arrivez à la toute-puissance. » On ne peut aimer qu'un Dieu qui n'est pas tout puissant et l'amour pour le Dieu tout puissant est un sentiment qui existe peut-être ; mais que je ne puis parvenir à me représenter et encore moins à définir.

Donc être altruiste absolu serait, à force d'amour, rompre tout lien entre l'humanité et soi, ne pas pouvoir être aimé et par conséquent tuer chez autrui ce qui nous aimerait et, en le tuant chez autrui, en détruire l'essence, puisque son essence est évidemment d'être réciproque ; non pas nécessairement également réciproque ; mais réciproque cependant de telle manière que si l'aller a lieu, quelque retour existe.

De l'amour de soi

Ily a peu de danger, sans doute, qu'on n'aime jamais l'humanité au point de détruire l'amour, mais encore fallait-il s'expliquer et aller à l'extrême pour faire entendre où est le milieu.

II. COMMENT ON DOIT S'AIMER

Le mot populaire est assez juste : « Charité bien ordonnée commence par soi-même. » Elle ne commence pas par soi-même ; elle ne finit pas par soi-même; elle est toujours mêlée de charité envers soi-même. Les deux mots les plus célèbres de la philanthropie antique la caractérisent très bien : « Homo sum; humaninihil a me alienumputo. » — « Non îgnara malimiserissuccurreredisco. »« Je suis homme et rien de ce qui est humain ne m'est étranger. —Connaissant le malheur j'ai appris à secourir les malheureux. » C'est-à-dire l'égoïsme, s'il n'est pas la source de l'altruisme, du moins enest la condition ; et, si ce n'est pas soi-même qu'on aime dans les autres, du moins on aime les autres de l'amour qu'on a connu et qu'on connaît encore pour soi-même.

Et à ce propos, d'une pensée de Nietzsche que je n'ai citée qu'en partie, je ne comprends que la

De l'amour de soi

partie que j'en ai citée. En même temps qu'il traite de « sénile » la maxime de Pascal : « le moi est haïssable » ; il traite de « puérile » la maxime de Jésus : « Aime ton prochain comme toi-même » et de la première il dit : « ici l'expérience humaine a cessé d'être » et de la seconde il dit : « ici l'expérience humaine n'a pas commencé. » La parole de Jésus me paraît le bon sens même et précisément « l'expérience humaine » la plus consommée. Jésus ne dit point, ce que son grand cœur aurait pu lui faire dire : « Aimez votre prochain plus que vous-même. » Il croit sans doute, il sait que c'est impossible. Il dit : « Aimez votre prochain autant que vous-même. » Et c'est-à-dire qu'il nous ordonne de nous aimer ; car pour aimer quelqu'un autant que soi-même il faut qu'on s'aime. Il nous ordonne très formellement de nous aimer et puis d'aimer les autres et de prendre pour mesure de notre amour pour les autres notre amour de nous.

Il ne craint pas que quelqu'un lui réponde : « Alors je n'aime point les autres ; car je ne m'aime pas. Il sait que celui qui s'aime le moins serait un très grand philanthrope s'il aimait les autres autant seulement et de la même manière qu'il s'aime, a Avec tiédeur? Soit ; mais vous vous nourrissez. Faites de même pour les autres. —Avec dégoût? Soit. Mais vous vous nourrissez. Faites de même pour les autres. — Avec mépris ? soit. Mais vous vous nourrissez. Faites de même pour les autres.

— Mais je ne m'aime point du tout ; car je me tue !

De l'amour de soi

— Pour vous débarrasser de vos souffrances à votre misère : débarrassez les autres de leurs souffrances à la leur.

— Non ; je me tue froidement !

— D'abord ce n'est pas vrai ; ensuite à supposer que ce soit vrai, que tout le monde agisse envers les autres comme envers soi et envers soi-même comme envers les autres ; et que celui qui est capable de tuer froidement les autres se tue lui-même. « Aimez votre prochain comme vous. »

Jésus a été plus loin, à vrai dire. Il a dit : « Si l'on vous frappe à la joue droite, tendez l'autre joue ; si l'on vous prend votre tunique donnez encore votre manteau ; » et cela c'est aimer le prochain plus que soi-même. Cette contrariété apparente est au fond un signe d'unité de la doctrine. Il y a le commandement ; il y a le conseil : il y a le commandement qui s'adresse à tous; il y a le conseil qui s'adresse à ceux qui sont capables d'aller plus loin que le commandement et d'avoir a une justice plus abondante » que celle des simples fidèles. « Aimez votre prochain comme vous-même » voilà qui est pour nous tous. Mais une maxime qui ne pousse pas l'homme à se surmonter est bonne, mais n'est pas complète ; et Jésus ajoute, à son heure : a Aimez votre prochain plus que vous même. » Ceci est pour les héros. Et les bonnes gens s'échelonneront un peu en deçà du commandement ; et les vertueux habiteront dans le commandement lui-même et la sainteté commencera à ceux qui le dépasseront.

De l'amour de soi

Toujours est-il que Jésus nous a dit : a Aimez-vous vous-même ; aimez les autres comme vous. » Donc il faut s'aimer.

Comment? A mon avis, de toutes les manières possibles, sauf une seule. Il faut s'aimer un peu comme un ami ; il faut s'aimer un peu comme un père, il faut s'aimer un peu comme un enfant ; il faut s'aimer un peu comme une femme qu'on aime.

III. COMME UN AMI

Il faut s'aimer un peu comme un ami. L'affection qu'on a pour un ami est faite avant tout de confiance, de conseils donnés et reçus, d'accord de l'un avec l'autre, du fait que l'un sait que sur l'autre il peut compter et l'autre sur lui. Voilà l'amitié. Il faut avoir de l'amitié pour soi-Avant tout il faut être d'accord avec soi-même. C'est une chose rare. « Je sens deux hommes en moi » est une pensée bien incomplète ; il y a toujours plusieurs hommes en nous ; nous avons en nous une petite tribu indisciplinée. L'un de ces hommes intérieurs est dirigé par une passion, l'autre par une autre, l'autre par une idée fixe, l'autre par sa versatilité même, l'autre par une influence extérieure. Il y a beaucoup moins d'ordre dans notre population intérieure que dans une ruche d'abeilles ou dans une fourmilière. Il s'agit précisément de faire de notre être intérieur une fourmilière ou une ruche d'abeilles. Point tout à fait; car ce serait trop ennuyeux ; mais approchant. Pour cela il faut réconcilier tous nos hôtes entre eux par la persuasion, difficile à leur inculquer, qu'ils doivent avoir confiance en nous, que nous connaissons la vie et que nous en avons saisi à peu près la règle, que nous les éclairerons bien, que nous les conduirons bien et que nous leurs donnerons quelques satisfactions légitimes s'ils ne sont pas trop indisciplinés.

Mais remarquez bien : comme nos amis, il faut les traiter doucement pour qu'ils ne nous quittent pas. Ils ne nous sont pas précisément nécessaires ; mais, du moins à la plupart d'entre nous, ils nous sont Utiles, comme des compagnons, particulièrement comme des compagnons d'enfance auxquels nous sommes très habitués. Les passions — je parle ici, comme on a vu, de petites passions — sont à elles toutes un moi qui contrarie le moi raisonnable, mais qui l'amuse, qui l'empêche de s'ennuyer et qui, même, ne laissent pas de lui donner quelques bons conseils, quelques très petits bons conseils. Elles lui disent : « indulgegenio. » Elles lui disent : « Détends toi ; un peu de relâche, un peu de sourire, un peu de faiblesse. » Et ceci est chose salutaire. L'homme le plus sage a en lui un Aristippe qu'il ne doit pas considérer comme un ennemi ; mais comme un ami dangereux, un peu dangereux, comme un ami encore, point perfide, point très maladroit, qu'il faut seulement surveiller, ou, bien plutôt, relativement à qui il faut se surveiller soi-même, moyennant quoi l'on peut dire : Nunc et *Aristippifurtimpræceptarelabor.*

Ou, si l'on veut, l'homme a en soi une petite troupe de comédiens pour son délassement personnel. Il n'aura pas à en souffrir s'il sait être leur directeur et s'il leur permet de lui donner la comédie, sans leur permettre de devenir acteurs tragiques, comme c'est toujours l'ambition des comédiens. Ainsi limités, ils sont très bons. Le plus souvent ils se contentent de se satisfaire en rêves et de vous amuser de la même façon. Ils vous persuadent superficiellement qu'il serait agréable de vous livrer à tel divertissement et ils vous le décrivent ; de courir le monde et ils vous en font les peintures les plus séduisantes; de faire telle et telle visite et ils vous font de la maîtresse de maison un portrait charmant. Ils mènent dans votre tête le rêve d'une nuit d'été. Il faut leur accorder quelques moments de la journée. Leur petit défaut c'est qu'ils désirent toujours jouer en après-midi et en soirée, avec répétitions le matin. Il faut ne leur accorder que les justes heures. Ainsi limités ils sont charmants.

Car, le plus souvent ils sont modérés et il est rare qu'un homme ait dans ses coulisses une troupe d'Irwing. Pourvu qu'ils ne soient pas mis à la porte de la maison, ils se résignent assez facilement, quoique avec une arrière-pensée, toujours, de la conquérir. On est d'accord avec soi-même en laissant quelque place à son moi aventureux et en gardant à son moi raisonnable toutes les avenues.

On est d'accord avec soi-même encore et on se traite comme un ami, en ne changeant pas d'ami et c'est-à-dire en restant le plus possible fidèle à soi-même, à son caractère tel qu'une combinaison de votre innéité, de votre éducation par les autres et de votre éducation par vous-même vous l'a fait à partir d'un certain moment. Sans doute on s'élève à tout âge ; mais il ne faut pas, à partir de certain stade, qui se

De l'amour de soi

place entre vingt-cinq et trente ans, se changer soi-même brusquement. Ces conversions remplacent rarement un demi-mal par un bien et c'est abandonner un ami à peu près sûr pour un ami inconnu. Il faut modifier peu à peu l'ami que l'on a et l'accommoder à son âge, auquel du reste, vieillissant avec vous, il s'ajuste de lui-même.

Quelquefois cet accord avec soi-même est factice, pour la raison contraire. On cherche trop à garder le même caractère absolument, pour se faire honneur à ses yeux et aux yeux des autres de l'unité de sa vie et c'est artificiellement que l'on reste dans la même attitude. Il s'ensuit une gêne bien sensible et le contraire même, ou peu s'en faut, d'un accord avec soi-même. Nietzsche a sur ce sujet une remarque bien spirituelle : « Tout comme les mauvais poètes, dans la seconde partie du vers, cherchent l'idée pour la rime, de même les hommes, dans la seconde partie de la vie, devenus plus inquiets, ont contume de chercher les actions, les situations, les relations qui cadrent avec celles de leur vie antérieure, de telle sorte qu'extérieurement tout soit d'accord ; mais leur vie n'est plus dominée et déterminée toujours à nouveau par une pensée forte ; l'idée est remplacée par l'intention de trouver la rime. »

Il ne faut ni se quitter, rompre avec soi ; ni, par un sot amour-propre, s'attacher gauchement à un moi qui fuit ou plutôt n'en garder que le masque ; il faut le laisser se modifier insensiblement selon le cours des ans qui modifie tout en nous, sans du reste, comptons là-dessus et faisons lui confiance, changer rien de notre fond.

Il faut se traiter comme un ami qui mérite une certaine confiance, qui peut nous tromper, c'est-à-dire se tromper, qu'il faut surveiller, qu'il faut éclairer, avec lequel il faut discuter doucement, contre lequel il ne faut pas lutter avec violence ; qui a quelquefois de bonnes inspirations, qui nous amuse, qui nous ennuie, qui nous irrite, qui nous apaise ; mais qui, tout compte fait, ne peut jamais nous être indifférent et qui, bon ami en cela, ne nous interdit pas d'en avoir un autre.

IV. COMME UN PÈRE

Il faut s'aimer un peu comme un père. Le fond de l'amour filial c'est ou ce doit être le respect. Il faut se respecter soi-même. « L'âme noble, dit Nietzsche, est l'âme qui se respecte elle-même, » Il faut dire, plus analytiquement, l'âme noble est l'âme qui a le besoin de se respecter soi-même et qui, pour satisfaire ce besoin, se fait aussi belle, aussi grande et aussi élevée que possible. C'est ainsi qu'il faut se respecter. Si vous respectez votre père, c'est que vous avez été habitué dans votre enfance à voir en lui un être plus complet que vous, à la hauteur, à la plénitude duquel vous aspiriez de tout votre cœur à atteindre. Le respect que vous devez avoir pour vous est analogue. Vous devez respecter en vous l'être plus complet que vous, qui y est en puissance et que vous pouvez réaliser et que vous pouvez devenir.

Quand vous étiez enfant, si vous vous écartiez moralement de votre père ou de ce que vous croyiez qu'il était, vous vous disiez : « je descends.» Maintenant, quand vous vous écartez de l'idéal de vous-même que vous vous êtes tracé ou que, sans vous l'être tracé, vous avez en vous subconsciemment, vous dites de même : « je descends. » Vous devez respecter en vous ce que vous pouvez être, ce que vous désirez être, ce que vous êtes appelé à être.

Ce qui prouve bien qu'il y a là une analogie véritable et peut-être plus qu'une analogie, c'est le sentiment de l'honneur. Quand quelqu'un attaquait votre père dans son honorabilité vous vous sentiez profondément blessé. Qu'est-ce à dire? D'abord, évidemment, qu'il y a une solidarité de famille, puisque aussi bien la blessure eût été presque aussi vive s'il s'était agi de votre frère ; mais aussi c'est-à-dire qu'il y a et que vous sentiez entre votre père et vous une communauté d'honneur. C'est cet honneur, cette dignité, que vous respectez en vous, de même que vous la respectiez en lui. Vous avez pour vous-même une manière de sentiment filial ; vous avez pour vous-même le sentiment que vous avez eu pour votre père et que vous voulez que votre fils ait pour vous.

Ces sentiments transposés, c'est ainsi que je les appelle, ne sont pas les plus faibles. Ils sont forts de leur redoublement même. Se respecter comme fils de son père et du respect que l'on veut mériter de son fils, c'est se respecter deux fois et trois fois. C'est pour cela que la famille est une école de respect dans tous les sens, de respect montant, descendant, remontant, et, pour ainsi parler, se multipliant lui-même. C'est pour cela qu'il arrive que l'homme sans famille s'aime sans se respecter; il s'aime comme une favorite et assez souvent comme une favorite infidèle. C'est passion vive, mais sans lest ; aussi est-elle très exposée aux tempêtes et y est-elle très sensible. Le respect est le lest de l'amour.

Vous vous aimez encore comme un père, un peu, parce que vous vous êtes élevé- L'homme de quarante ans est le fils de l'homme de vingt, l'homme de soixante est le fils, un peu affaibli, de l'homme de quarante. Vous avez travaillé de dix-huit à vingt-cinq ans à vous faire une situation dans le monde, une place au soleil. Vous avez fait des efforts. D'une façon plus ou moins précise, vous vous êtes fait une méthode de travail et une méthode de conduite. Vous avez combattu vos mauvais penchants, ou dangereux ou puérils. Vous vous êtes élevé. Vous vous êtes donné cette seconde éducation, l'éducation de soi par soi-même, qui manque à la plupart des hommes et qui fait précisément la différence entre les hommes du commun et les hommes supérieurs; ou, si vous voulez, qui ne manque absolument à personne, mais qui, forte chez les uns, molle et semi passive chez les autres, fait la différence entre les hommes et les sous-humains. C'est dans cette éducation, c'est dans cette paternité de vous- même que vous vous aimez et que vous vous respectez très légitimement.

Je lui demandais : « Faites-vous votre examen de conscience ?

— Je le faisais quand j'étais jeune. J'ai cessé.

— Pourquoi ?

De l'amour de soi

— Parce que je n'arrivais qu'à ceci : je me trouvais trop beau. Je ne me trouvais pas sans péchés ; mais je trouvais mes péchés, d'une part, tellement excusés par les circonstances, d'autres part tellement compensés par une foule de petites très bonnes actions, que j'étais décidément trop satisfait de moi-même.

— Faites- vous votre journal ?

— Je le faisais quand j'étais jeune ; mais j'ai vu assez vite que c'était une manière de se regarder dans le miroir et que cet exercice n'est pas très sain. Le plus beau journal intime est le livre de Marc Aurèle. Certes il est vénérable ; mais encore, à voir l'excellent empereur s'exciter à tant de vertus, on est quelquefois assez pervers pour se demander s'il s'y encourage en effet ou s'il se félicite de les avoir. J'ai renoncé à mon eiseauton. >

— « Je crois, lui répondis-je, que vous vous êtes très bien élevé. Vous avez pris d'abord d'excellentes méthodes d'éducation : se regarder attentivement soi - même et se raconter à soi-même pour se con- trôler ; et puis, ces méthodes, quand elles ont eu sorti leur essentiel effet, qui est l'habitude de se surveiller, vous les avez abandonnées, à cause de ce qu'elles contenaient encore de dangereux, tomme désormais inutiles et comme encore périlleuses, comme vidées de leur efficace et comme mêlées encore de malsain. »

De l'amour de soi

— Peut-être bien.

— Et vous devez encore gratitude au très bon éducateur de vous-même que vous avez été. Ça, c'est permis.

— Ce n'est pourtant pas de l'humilité.

— N'allons trop loin dans aucun sens. A se sentir parfaitement humble on éprouve une fierté...

— Oui; il faut craindre de pousser l'humilité jusqu'à l'orgueil. Soit. »

Il faut donc s'aimer comme un bon père, quand on l'a été. Cette paternité de soi-même est curieuse. Comme fils de soi-même on se sent indéfiniment obligé à être son père. Si les âges de la vie nous accueillent successivement comme des hôtelleries inconnues, on sent qu'il faut prévoir à chaque auberge l'auberge suivante, en consultant ceux qui ont laissé des relations de voyages, aussi et surtout en induisant de chacune ce qu'il est probable que l'autre sera ; car, presque toutes ont quelque chose de celles qui doivent venir après elles.

Je dis presque ; car il est à remarquer que la jeunesse peut renseigner un peu sur l'âge moyen, l'âge moyen sur l'âge mûr, l'âge mûr sur la vieillesse et, si l'on veut la vieillesse sur la mort ; mais il est à remarquer que l'enfance ne renseigne en rien sur la jeunesse. C'est pour cela que dans la jeunesse on fait tant de sottises. La jeunesse est véritablement l'âge où

De l'amour de soi

l'on naît. C'est précisément pour cela encore que dans la jeunesse plus qu'à tout autre âge on doit être son père spirituel. C'est alors surtout qu'on doit se donner une éducation forte. Que le présent soit gros de l'avenir, en histoire générale je n'en sais rien, ou tout au moins je n'en suis pas très sûr ; dans l'histoire de chaque homme c'est incontestable. C'est donc dans la jeunesse qu'on est le plus en gestation de soi-même; et que par conséquent on doit surveiller,ménager, entourer de soins et discipliner la grossesse pour ne pas enfanter un avorton ou un névrosé.

Mais enfin à tout âge on peut et on doit s'aimer d'un amour mêlé de respect, comme un père que l'on est en train d'être, comme un père que l'on a été, comme un père à la fois qu'on a été et que l'on est encore en train de devenir.

V. COMME UN ENFANT

On peut encore s'aimer, un peu, comme un enfant, quoiqu'il ne faille pas trop pencher de ce côté-ci. On aime un enfant avec tendresse, avec sensibilité, avec indulgence, avec faiblesse et il ne faut s'aimer ainsi que très discrètement. Cependant il ne faut pas absolument s'en défendre. Nous sommes tous un homme qui regarde jouer un enfant et qui en même temps en sourit et en hausse les épaules. Cette récréation ne se doit pas prolonger, mais elle ne doit pas être interdite. Les billevesées de l'enfant «qui s'amuse, ses rêves, ses rêveries, ses châteaux en Espagne, les personnages qu'il joue pour se divertir, sont notre spectacle, notre comédie intérieure, notre guignol intime. « Si Peau d'âne m'était conté j'y prendrais un plaisir extrême. » L'enfant est celui de nos êtres intérieurs qui nous raconte toujours Peau d'âne.

La Fontaine est l'homme qui est resté enfant toute sa vie, ou, si l'on veut, qui a écouté toute sa vie l'enfant qu'il avait en lui. « L'homme curieux de spectacles, s'en est fait un de la peinture de ses erreurs », dit Bossuet. Pourquoi aller chercher le théâtre, spectacle de nos erreurs, de nos vices, de nos travers,

De l'amour de soi

de nos ridicules et de nos crimes, puisque nous avons en nous un petit comédien, naïf, à la fois auteur et acteur, qui nous joue des pièces très amusantes et toutes pleines d'imagination ? Il est l'ami récréatif, l'ami conteur d'interminables histoires"* qui recommencent toujours et qu'il faut empêcher seulement d'être interminables et de toujours recommencer. Il est la partie ingénue de nous-mêmes qu'il ne faut ni laisser empiéter ni supprimer. Il nous rafraîchit, il nous détend, il nous rassérène. Il nous empêche d'être homme tout à fait. C'est un malheur que de n'être qu'un homme; ou plutôt c'est un malheur de n'être pas un homme complet et il n'est pas complet l'homme en qui il ne reste rien de l'enfant.

L'enfant qui est en nous nous distrait et l'on sait que nous avons besoin de distraction ; il nous fait sortir de nous et nous avons besoin d'en sortir quelquefois pour y rentrer plus alerte, plus aisé et pour nous plaire à y être.

L'enfant, aussi, est sain ; il est,si je puis dire ainsi, hygiéniste ; c'est lui, plus que le médecin et les traités de médecine, qui nous persuade de marcher, de courir, de boire de l'air propre et de prendre des vacances. Il est toujours partisan des vacances. Il faut lui céder, assez souvent, à cet égard, et l'aimer de nous en donner le conseil. L'enfant est celui qui, en nous, est demeuré un peu sauvage et le civilisé doit prendre encore du sauvage quelques leçons. L'enfant n'est pas ambitieux; il n'est pas avare; il n'est pas tenace ; il n'est pas rancunier, il est a vite apaisé ». « — Ils sont déjà des hommes », dit La Bruyère. Vous voyez bien que non. De ce qu'ils ne sont pas des hommes on peut tirer d'eux quelque chose ; de ceci qu'il y a des défauts humains qu'ils n'ont pas on peut tirer quelque bon exemple ; comme des animaux, qui ont des qualités que nous n'avons point et qui surtout sont exempts des défauts que nous avons le plus. Laissez vivre l'enfant en vous, ne l'étouffez pas et qu'il vous soit cher.

Remarquez tout de suite et par provision, car nous retrouverons cela plus tard, que tout au moins l'enfant que vous avez en vous il faut bien le connaître. Il n'y a pas de meilleure maxime dans tous les livres de Nietzsche que celle-ci, qu'il a répétée si souvent : c Nous voulons devenir ceux que nous sommes — Que dit la conscience? Tu dois devenir celui que tu es. » Entendez par là que nous pouvons, et que nous devons, nous développer ; nous créer, non ; que nous pouvons et que nous devons tirer notre amélioration de notre être même tel qu'il est et nous aider seulement à remplir notre destinée, à remplir notre personnalité, à être mieux, à être plus pleinement ce que nous sommes déjà, ce que nous sommes en naissant. La vie bonne n'est que l'accord bien établi, bien ménagé des acquisitions et de l'innéité ; elle n'est qu'une innéité qui réussit. Dès lors il faut connaître notre innéité, donc se connaître comme un enfant ; ne point, à cet égard, ni se méconnaître, ni s'oublier, ni s'altérer, ni se travestir.

De l'amour de soi

Si l'on réussissait à supprimer ce qui reste de l'enfant en nous, on n'aurait point de caractère et l'on chercherait en vain à s'en faire un ; car on n'aurait pas les éléments nécessaires pour s'en faire un en effet. Il disait: « J'avais un enfant en moi. Cela me faisait honte. Je l'ai mis aux Enfants trouvés. J'étais très content. Depuis ils disent que je suis devenu fou. » Il est impossible de mettre aux Enfants trouvés l'enfant qu'on a soi ; mais on peut le trop oublier, le trop mépriser, le trop détester, le trop recouvrir. Gardez-vous en bien. Voilà pourquoi je dis qu'avec discrétion et intelligence, comme un père doit toujours faire, il faut un peu s'aimer comme un enfant.

VI. COMME UNE FEMME AIMÉE

Et enfin, avec plus de précaution encore, mais un peu cependant, il faut l'aimer comme une femme qu'on aime. L'amour est peut-être avant tout une curiosité ; il est ensuite ou en même temps un désir de posséder et d'être possédé ; il doit être avant tout et toujours un dévouement. Ce qui de l'amour pour la femme ne doit pas entrer dans l'amour de soi-même c'est le désir d'être possédé et de posséder. On peut désirer, en un certain sens, régner sur soi-même ; mais par volonté de puissance et non par appétit de domination, de règne arbitraire, de jouissance de propriétaire ; et l'on ne doit en aucun sens prendre plaisir à être possédé par soi, à s'abandonner à soi-même, à s'asservir à soi-même admirativement et amoureusement. Voilà ce qui, de l'amour pour la femme, ne doit pas entrer dans l'amour de soi-même ; mais la curiosité et le dévouement y doivent entrer. Cette curiosité nous en avons déjà parlé à un autre point de vue ; c'est ce : « connais-toi toi-même » dont nous avons montré la nécessité. Mais il y a une curiosité en quelque sorte plus minutieuse qui est juste celle qui existe dans l'amour pour la femme et qui en est peut-être le fond et qui est juste aussi celle qui doit se mêler à votre amour de vous-même, si tant est qu'elle n'en soit pas l'essentiel. Nous voulons savoir quelque chose, puis plus encore, puis tout, puis

De l'amour de soi

davantage pour ainsi dire; de la femme que nous aimons. Nous voulons pénétrer les mystères de son âme un à un jusqu'au dernier, comme nous voulons faire tomber les voiles qui couvrent son corps et un idéaliste dirait peut-être que ceci n'est que le symbole grossier de cela et peut-être n'aurait-il pas tort; nous voulons que rien d'elle ne nous soit caché et il nous semble qu'elle nous frustre quand elle nous dérobe quelque chose d'elle et c'est là, pour le dire en passant que curiosité et désir de possession se rejoignent et que l'un n'est qu'une forme de l'autre.

Or on s'aime soi-même ainsi et il n'est pas mauvais qu'on s'aime ainsi et quand on dit à la femme aimée: « Je t'aime comme moi-même » on ne croit pas dire si juste qu'on dit en effet. On peut et on doit être curieux de soi-même minutieusement. On peut et on doit, sans s'y perdre, bien entendu et en quelque sorte s'y dévorer ; on peut et on doit se scruter, s'analyser, se poursuivre dans les détours de son cœur et dans le labyrinthe fuyant de son âme. On peut et on doit s'écouter, s'ausculter, se surprendre, saisir ses secrets au détour des sinueux sentiers.

A quoi cela sert-il ? A ne pas être trompé par soi-même, à ne pas être étranger à soi, à ne pas se prendre pour un autre. Cela sert encore à aiguiser l'esprit et à le rendre pénétrant autant qu'il peut l'être; et comme l'amour donne un peu d'esprit aux plus stupides, l'amour de soi ainsi compris et pratiqué a le même effet.

De l'amour de soi

Montaigne fut certainement l'homme le plus amoureux de lui-même de cette façon, comme du reste de toutes les manières. Or personne n'a eu plus d'esprit que lui et sans doute c'est parce qu'il avait de l'esprit qu'il s'est analysé ; mais c'est aussi par s'analyser sans cesse qu'il en a eu d'avantage. Il sait fort bien et ce qui le pousse à cette étude, à savoir l'amour de soi, puisque de cela il se défend ; et ce qu'il en retire, à savoir une singulière exemption d'agitation et d'inquiétude : « C'est une épineuse entreprise et plus qu'il ne semble, de suivre une allure si vagabonde que celle de notre esprit, de pénétrer les profondeurs opaques de ses replis internes, de choisir et arrêter tant de menus airs de ses agitations [intérieures] et c'est un amusement nouveau et extraordinaire qui nous relire des occupations communes du monde, oui, et des plus recommandées ».

Voilà à quoi sert l'amour-curiosité envers soi-même. Il sert aussi, ce me semble bien, à vous détourner de parler de vous. Ce n'est pas celui qui s'étudie le plus lui-même qui en parle d'avantage ; et il est même très porté à n'en point parler du tout. Cela, non pas tant parce qu'il trouve en lui des choses qu'il lui serait désagréable de déclarer, que parce qu'il y a une difficulté extrême de parler des découvertes véritables, un peu profondes, que l'on fait en soi-même. Ce sont mystères malaisés à exprimer et à faire comprendre. Vous l'avez bien remarqué, celui qui parle de lui est toujours un étourdi qui ne se connaît absolument pas; de sorte, par parenthèse, qu'en cela

De l'amour de soi

nous n'avons guère de relations de voyage que de ceux qui n'ont été nulle part. Le véritable studieux de soi-même est peu communicatif et ne se livre point, partie par pudeur, partie par incommodité de la chose.

Je dis donc que s'étudier soi-même, entre autres utilités, a celle de vous rendre discrets sur vous-même, ce qui est une bonne et peu commune qualité sociale, recherchée et peu trouvée sous tous les régimes.

J'avoue qu'ici j'ai contre moi et l'exemple même de Montaigne et tous les arguments qu'il donne pour justifier le fait de parler de soi. Mais il suffira de s'entendre. Montaigne nous dit : « Il y a plusieurs années que je n'ai pour visée à mes pensées que moi-même, que je ne contrôle et n'étudie que moi et ne me semble point faillir, si, comme il se fait es autres sciences, sans comparaison moins utiles, je fais part de ce que j'ai appris en celle-ci. Il n'est description pareille en difficulté à la description de soi-même, ni, certes, en utilité- Encore se faut-il testonner, encore se faut-il ordonner et ranger pour sortir ; or je me parc sans cesse puisque je me décris sans cesse. La coutume a fait le parler de soi vicieux et le prohibe obstinément en haine de la vantance qui semble toujours attachée aux propres témoignages... A dire ce que j'en crois, cette coutume a tort de condamner le vin parce que plusieurs s'y enivrent... De quoi traite

De l'amour de soi

Socrate plus largement que de soi ?... De quoi les saints ?... Mon métier et mon art c'est de vivre : qui me défend d'en parler selon mon sens, expérience et usage, qu'il ordonne à l'architecte de ne point parler des bâtiments... De s'amuser en soi il leur semble que c'est se plaire" en soi ; de se hanter et pratiquer que c'est se trop chérir ; mais cet excès naît seulement en ceux qui ne se tâtent que superficiellement... »

Sur quoi je remarque, d'abord que Montaigne a très bien aperçu ceci que se décrire est si difficile que la difficulté arrêtera ceux qui se seront étudiés minutieusement et ne laissera aller que ceux qui se seront tâtés superficiellement ; et c'est ce que je disais.

Et je remarque ensuite qu'il reconnait bien, quoique biaisant, qu'il y a bien quelque amour de soi dans cette curiosité ; mais c'est ce que je regarde comme légitime ; il n'y a de ridicule, en amour propre comme en amour, que de raconter à tout venant ses bonnes fortunes avec soi-même.

Et je remarque enfin que Montaigne ne justifie que le fait de parler de ses découvertes sur le moi dans un livre, comme le sien, et en s'adressant, non à quelqu'un, mais à tout le monde, ce qui est a utile », comme il dit, ou peut l'être. Et me voilà autorisé à dire que l'habitude de s'étudier ne rend pas parleur de soi et plutôt est de nature à empêcher qu'on ne le devienne.

Et après tout, voilà que, chemin faisant, j'ai parlé d'un célèbre amoureux de lui-même qui, de la curiosité que lui a donnée cet amour ou de l'amour que lui a donné cette curiosité, a tiré ce semble quelque profit, et qu'en tout cas personne ne voudrait condamner.

Je dis de plus, et sur cela je n'aurai pas à m'étendre, que l'amour de soi a quelque chose de l'amour pour la femme aimée, en ce sens que l'amour pour la femme est dévouement. Il faut être dévoué à soi, de telle manière qu'on puisse se dévouer aussi à autre chose, à un moment donné et tel devoir supérieur s'imposant ; mais il faut être dévoué à soi, à l'état normal, au cours des jours, quotidiennement. J'entends par dévouement à soi songer continuellement à soi, ce qui n'empêche pas de songer aux autres. J'entends par dévouement à soi ne pas se lâcher, ne pas se laisser, ne pas devenir indifférent à soi-même. N'oubliez pas que vous êtes un malade ou toujours si près de l'être que vous pouvez, certainement, sans erreur grave vous figurer que vous l'êtes ; malade physiquement, malade intellectuellement, malade moralement. Un malade a besoin de soins continus, d'incessante sollicitude éclairée. L'ensemble de vos devoirs envers vous-même : tenir le corps en santé, l'esprit en loyauté et en

De l'amour de soi

lumière, l'âme en propreté et en droiture; constitue un réel dévouement à votre personne.

Ce dévouement sans faiblesse, mais sans réserve, sans nonchalance et sans relâche, très analogue à celui que l'on a pour une personne aimée, a cela, du reste, de particulier et d'excellent qu'il n'empêche pas, comme j'ai dit, de se dévouer à d'autres, et que, pourvu qu'on ne l'oublie pas, il est la condition du dévouement aux autres dans le même temps que le dévouement aux autres contribue à lui. De même qu'en vous dévouant à la femme que vous aimez vous vous faites l'âme plus pure et accomplissez un devoir envers vous-même, de même, en vous dévouant au bien public, vous vous faites le cœur plus haut, et l'intelligence plus large, quelquefois plus ferme.

Un égoïste intelligent disait : « Ce qu'il y a de bon dans la bienfaisance et ce qui l'excuse, c'est que le bienfaiteur des autres l'est surtout de lui-même. La reconnaissance est inutile : le bienfaiteur est toujours payé. »

Voilà comme il faut entendre le dévouement envers soi-même.

VII. NON COMME UN DIEU

On voit que l'amour de soi a quelque chose et même beaucoup de l'amitié, de l'amour filial, de l'amour paternel et de l'amour. Ai-je besoin de dire que c'est ainsi parce que c'est l'inverse ? Nous avons en l'amour de nous mêmes le germe de tous les amours ; et c'est cet amour soi-même, parce que nous sommes des êtres sociaux, que nous transportons, par une nécessite morale de communication et de réciprocité, à ceux qui nous entourent, père, mère, fils, femme, amis, compatriotes, hommes et même animaux. Il ne faut pas dire : « nous nous aimons dans les autres » mais : « nous aimons les autres par un attachement à la vie qui fait d'abord que nous nous aimons nous-mêmes et qu'ensuite nous aimons, avec plus ou moins de proximité, tout ce qui nous reflète, tout ce qui nous ressemble, ne fût-ce que par cela seul qu'il est vivant. »

Il n'y a qu'un seul amour qui ne doit pas se retrouver dans l'amour de soi-même, c'est l'amour de Dieu. Et pourtant c'est précisément de cette manière

De l'amour de soi

que s'aiment la plupart de ceux qui sont amoureux d'eux mêmes. C'est à eux que Satan a dit : « Vos eritis sicut Dii » — « Vous serez [à vos yeux] comme des Dieux. » Dieu, c'est l'idée de la perfection. L'idée de la perfection est suggérée à la plupart de ceux qui s'aiment par le spectacle d'eux-mêmes et réalisée parce qu'ils en savent. Nous en sommes là, si bien, un peu au moins, tous tant que nous sommes, que nous n'estimons ou méprisons les autres qu'en proportion de leur ressemblance avec nous ou de leur dissemblance. C'est notre critérium naturel. Vous n'êtes pas sans connaître l'homme qui vous parle, souvent en termes assez justes, de Napoléon, de Chateaubriand ou de Pasteur et qui ajoute presque tout de suite : « Tandis que moi... » Tout le monde n'est pas aussi ingénu. Prenez garde pourtant. Il n'y a pas de grandes différences. La plupart, vous, moi, font le portrait de tel ou tel, quelquefois non sans impartialité, avec faveur même, puis arrivent comme inévitablement à dire : « Moi, mon Dieu... » La différence entre les hommes, à ce point de vue n'est guère qu'entre « tandis que moi » et « a moi, mon Dieu... » Je conviens qu'il y a une nuance.

Toujours est-il que nous sommes toujours, un peu plus, un peu moins, celui que nous regardons pour juger les autres, donc le type de l'humanité. Ce n'est pas net dans notre esprit et jamais nous ne disons : « je suis celui que plût à Dieu que les autres fussent » ; mais, puisque nous ne jugeons jamais les autres que par comparaison avec nous-mêmes et en

De l'amour de soi

définitive flatteuse pour nous, c'est donc bien, au moins, qu'il suffit que nous regardions les autres pour que nous aimions surtout nous-mêmes ; et que, si nous ne nous adorons pas directement, nous nous honorons toujours par comparaison. Nous disons tous, subconsciemment, le mot célèbre : « Vous vous estimez donc bien? — Très peu quand je me regarde; beaucoup quand je me compare. »

Le mépris des autres affecte d'être le mépris de l'humanité en général ; il n'est jamais que le mépris de tous les hommes sauf un. Cette divinisation de soi-même est si générale et, l'on dirait, si nécessaire à l'homme, qu'il la trouve, qu'il trouve une occasion de se faire cette apothéose, jusque dans le plus profond malheur, jusque dans l'extrême détresse. Alors il se considère comme un être si exceptionnel que l'univers s'est conjuré contre lui pour l'accabler et l'écraser. Alors il dit au Ciel :

J'étais né pour servir d'exemple à ta colère ; Pour être du malheur un modèle accompli.

Il ne se considère plus comme un Dieu ; mais comme un Démon que Dieu proscrit, et c'est-à-dire encore comme un Dieu, comme un Dieu dont Dieu est jaloux.

De l'amour de soi

Le délire de la persécution et le pessimisme (du moins sous sa forme ordinaire) n'a pas d'autre cause que cet amour de soi s'épanouissant en orgueil. Je suis si grand que les hommes me persécutent, voilà le délire de la persécution ; je suis si grand que les puissances mystérieuses du destin s'acharnent contre moi, voilà le pessimisme ordinaire. Tout homme a en lui un Rousseau qui sommeille ou un Oreste qui est toujours tout près de se réveiller. Tout homme se préfère et tout homme est enclin à se persuader qu'il est si préférable que l'Humanité ou l'Univers a quelque raison de le combattre, ce qui du reste est une préférence encore, une élection, singulièrement flatteuse et singulièrement magnifiante.

Ces prestiges de l'amour de soi sont si dangereux qu'il n'est pas étonnant que des philosophies, des religions aient commandé à l'homme de ne point s'aimer. J'ai dit dans quelle mesure la religion chrétienne permet qu'on ne soit pas indifférent à soi-même et veut même qu'on s'estime ; j'ai dit comme j'entends qu'on ait, pour ainsi parler, le souci de soi. Pour soi, de tous les amours un peu ; de divinisation, de culte, point du tout.

Nos pères avaient une jolie façon de parler, parmi tant d'autres. Pour faire entendre qu'ils étaient dévoués à quelqu'un jusqu'à tout faire pour lui, excepté agir contre la religion et contre ce qu'elle commande, ils disaient : « Je l'aime jusqu'aux autels. » Soi-même, il faut, ou du moins on peut, s'aimer jusqu'aux autels, exclusivement.

VIII. ART DE S'AIMER

Et maintenant, non plus jusqu'à quel point, mais comment doit-on s'aimer? Chemin faisant j'en ai dit quelque chose ; il ne faut à présent que préciser un peu. Le culte du moi est haïssable, la culture du moi est à recommander avec instance. Non pas que la culture du moi aille jamais sans quelque peu de culte ; mais encore le culte sans culture est idolâtrie et la culture à peu près sans culte est moitié confiance, moitié défiance ; moitié défiance de ce qu'on est, moitié confiance en ce qu'on peut être. Quand vous mettez le soc en terre c'est que vous la croyez improduisante et capable d'être productrice.

De l'amour de soi

Il faut se cultiver par amour, respect et confiance en soi-même.

En quoi consistera la culture de soi ? Elle consiste d'abord, comme par définition, à se connaître. Nietzsche se défie beaucoup, je ne sais trop pourquoi, étant données ses idées, de l'axiome : « connais-toi toi-même ». Il dit: « Les natures actives et marquées pour la victoire n'agissent pas selon a connais-toi toi-même »; mais comme si elles voyaient se dessiner devant elles le commandement : « Veuille être toi-même et tu seras toi-même ». Je demande comment on peut être soi-même sans se connaître, à moins que ce ne soit instinctivement, et être soi-même instinctivement c'est contraire à l'axiome nietzschien : « Deviens ce que tu es ». Je ne comprends pas.

Nietzsche dit encore : Connais- toi toi-même, c'est toute la science : ce n'est que lorsque l'homme aura atteint la connaissance de toute chose qu'il pourra se connaître lui-même ; car les choses ne sont que les frontières de l'homme ». Rien de plus vrai et donc il faudrait renoncer à se connaître jamais, puisque la connaissance de l'universalité des choses nous est évidemment refusée. Mais cependant, ce que nous pouvons connaître de nous, ce sont nos rapports avec ces choses que nous ne connaîtrons jamais, ce sont nos tendances vers ces choses, ce sont nos pensées et nos élans vers nos a frontières », ce sont nos inclinations. Il suffit pour qu'à peu près, nous nous dirigions bien. L'axiome « connais-toi toi-même » reste debout.

Il faut se connaître précisément par une comparaison bien faite entre nous et ces choses qui sont nos frontières ; et entre nous et les autres hommes, qui sont nos frontières aussi. Il faut savoir quelles sont nos affinités avec les choses et nos diffinités relativement à nos semblables. Il faut savoir vers quelles choses nous tendons, de quelles choses nous nous écartons, à quels hommes nous ressemblons, de quels hommes nous différons; car c'est tout cela qui, étant nos frontières, est notre définition. Notre définition superficielle, je le sais ; mais aussi notre définition suffisante, étant de rapports, pour régler nos rapports avec le monde.

Cela fait, et notre moi, sans nous être connu, nous étant familier, cependant, assez pour que nous le distinguions de celui des autres, cultivons-le, lui, et non un autre, lui et non autre chose. C'est le sens exact de l'axiome fondamental de Nietzsche : « devenons ce que nous sommes. » Le tort de la plupart des morales, très bien intentionnées du reste et très pures et très belles, est de dresser un homme idéal, construit, comment? Mon Dieu, avec de l'imagination s'exerçant sur les exemplaires jugés les plus beaux de l'humanité. Elles dressent un homme représentatif de toutes les vertus humaines et les ramassant en lui, un homme qui moralement ressemble à cette prétendue Vénus des statuaires grecs, faite de la tête de celle-ci, de la poitrine de cette autre, des jambes d'une troisième et du torse de quelque autre aussi. Et cet homme, les morales nous le présentent avec admiration et nous disent : « ressemblez-lui ». Mais comment ferons-nous pour lui ressembler ? De quel» cléments constituerons-nous en nous 'même cet homme étranger à nous qui doit être nous? Car encore n'est-ce qu'avec des matériaux nous appartenant que nous pouvons construire notre statue intérieure.

— Et avec de bons exemples !

— Pardon I L'exemple peut nous servir, très bien, à donner un autre tour à nos matériaux, mais un autre tour seulement, à les modifier en leur forme, non en leur substance ; car lui-même est une forme, non une substance, une idée, non une matière. Tout ce que nous pouvons donc, c'est être nous-même plus que nous ne sommes et mieux que nous ne sommes ; mais nous toujours.

Diderot avait parfaitement raison sans comprendre rien à ce qu'il disait, comme il arrive, quand il écrivait : il y avait un homme naturel ; on a bâti un homme tout artificiel qu'on vous commande d'être, qu'on vous commande de reproduire en vous ; gardez-vous bien de vous y efforcer ; laissez renaître en vous l'homme naturel. — Il n'y a pas un homme naturel et un homme artificiel ; il y a l'homme artificiel créé par les morales et il y a des hommes naturels, des hommes nés de telle façon ou de telle autre, très différents les uns des autres et dont vous êtes l'un ; il y a un homme abstrait et il y a dei hommes individuels. L'homme individuel que vous êtes est le seul que vous puissiez un peu connaître et dont, à la condition de le connaître un peu, vous ayez un peu la disposition. Donc connaissez-vous, c'est le premier point; connaissez, à peu près, vos instincts vos tendances, vos inclinations, vos passions, vos puissances ; et puis, j'ose à peine dire: modifiez-vous ; mais dirigez-vous, aiguillez-vous dans le sens de ce que vous voulez être, conditionné par ce que vous êtes ; ce qui n'est que « devenir ce que vous êtes », autrement dit passer d'un a ce que vous êtes » à un a ce que vous êtes davantage», plus précis, plus décisif, moins incohérent, plus harmonieux, meilleur ; meilleur, qu'est-ce que cela veut dire? plus satisfaisant pour vous, c'en est le signe. — Et cela s'éclaircira un peu plus loin.

Remarquez que les nouvelles morales, qui se croient en progrès triomphal sur les anciennes, y reviennent sur ce point, qui est peut-être le principal. Elles nous disent : Point de morale ; mais de la science des mœurs, et c'est-à-dire sachez où en sont les mœurs de votre temps et tirez en un modèle que vous suivrez avec exactitude. Qu'entendrons-nous par là ? Qu'au lieu de l'homme idéal construit des fragments des hommes réputés les plus beaux de l'humanité tout entière, nous aurons un homme idéal construit des beaux fragments des hommes réputés les meilleurs de notre temps ; je vais trop loin, je vais trop haut, nous aurons un homme moyen construit selon la moyenne des mœurs de notre siècle et qu'on appellera l'homme normal et que nous ne saurions mieux faire que de reproduire. C'est une morale qui fait intervenir le suffrage universel et la loi des majorités dans la morale. C'est une bonne petite morale démocratique.

Mais, s'il vous plaît, Nietzsche, bien suspect d'aristocratisme, je le reconnais, n'aurait-il pas un peu réfuté ceci ? Sans doute, nous dit-il doucement, j'entends bien, « la moralité n'est que le sentiment que l'on a de l'ensemble des coutumes sous l'égide desquelles l'on vit et on a été élevé. » J'entends bien ; mais, d'abord, « élevé » comment? « Elevé » en tant que quoi ? « Elevé, non en tant qu'individu, mais comme membre d'un tout, comme chiffre d'une majorité. » Eh ! Eh ! « Elevé » dans ce sens et dans ces conditions pourrait peut-être bien vouloir dire abaissé ; car enfin il pourrait bien se faire quelquefois, il pourrait bien arriver par rencontre « *que l'individu fût d'une valeur supérieure au nombre,* » *et que, extérieur à la majorité numérique a il se majorât lui-même par sa moralité.* » — Qu'en dites-vous? Cela me semble aristocratique; mais néanmoins assez raisonnable.

De l'amour de soi

Et c'est peut-être la vérité. La morale un peu ambitieuse, et qui devra, je ne fais nulle difficulté d'en convenir, se défier un peu de son ambition, consiste peut-être, non pas à vouloir être identique à ses semblables, mais à leur être pareil tout en leur étant un peu supérieur; et l'axiome célèbre, toujours bonne pierre de touche, n'est pas : « faire ce qui est érigé en règle universelle d'action » ; mais « faire ce qu'on voudrait qui fût érigé en règle universelle d'action. » Donc ne pas demander aux autres une morale toute faite que l'on insérera en soi comme une armature, ce qui du reste ne réussirait qu'à vous pétrifier; mais se créer soi-même comme être moral vivant, en se connaissant, pour diriger ce que l'on est vers ce qu'on doit être, c'est-à-dire vers le maximum et l'optimum de ce que l'on est.

IX. UNE METHODE

Mais encore comment, dans le détail, dans un certain détail ? Je le veux bien. Il doit y avoir plusieurs méthodes. En voici une, ou deux. Nous naissons avec des passions. Nous les aimons ; nous ne pouvons pas ne pas les aimer. L'affection que nous avons pour elles est (en partie) l'affection même que nous avons pour nous. Nous nous aimons dans nos passions. Or, il ne s'agit pas dans cette méthode-ci de les retrancher, de les couper. Il s'agit d'une part de les tempérer les unes par les autres, d'autre part de les diriger vers le bien qu'elles souhaitent, mais que, peu clairvoyantes, elles méconnaissent.

Vous êtes ambitieux. D'abord n'êtes-vous qu'ambitieux ? N'êtes-vous pas en même temps très ami de vos aises, si bien même que ce n'est que pour arriver à vivre avec toutes vos aises que vous êtes ambitieux ? Alors tempérez votre ambition par votre amour du confort, de telle manière que votre ambition se ramène à ne désirer que le confort et par conséquent s'arrête à demi-carrière. Ici la culture du moi consiste à greffer l'amour des aises sur l'ambition, pour rendre moins âpres les fruits de celle-ci.

— Mais vraiment, je ne suis qu'ambitieux I

— Bien ! c'est la grande ambition. La grande ambition consiste, selon Spinoza, à sacrifier tout à son désir de plaire au plus grand nombre d'hommes possible. Ceci est le bien souhaité par l'ambition. Montrez-lui ce bien à l'état vrai, à l'état précis et non à l'état confus où elle le voit. Elle le voit dans un tumulte et fracas de gloire ; montrez-le lui dans l'estime profonde et sans jalousie qu'auront vos concitoyens si vous leur rendez des services sans aspirer à les commander ni à les asservir. La culture aura consisté ici à ouvrir les yeux à une de vos passions sans la meurtrir et en lui laissant absolument toute sa force.

Vous êtes envieux ; et je choisis précisément cette passion parce qu'elle n'est pas une force et que par conséquent on ne voit pas très bien de quelle culture elle est susceptible. L'envie n'est que la haine elle-même, ou si l'on veut l'égoïsme haineux en tant qu'il se réjouit du malheur des autres et s'attriste du bonheur d'autrui. Combattez, tempérez l'envie par cette considération que, se trahissant toujours, elle déclare, elle fait éclater précisément votre infériorité dont elle souffre et que par conséquent elle gagnerait la partie à ne pas jouer. Ceci est la culture de soi par répression douce et dissimulation des mauvaises tendances.

— Mais l'envie sans manifestations, à supposer qu'elle soit possible ; l'envie en soi ?

— Eclairez-la; montrez-lui le bien qu'elle désire. Le bien qu'elle désire est-ce précisément que les autres ne soient pas heureux? Non, c'est que vous soyez aussi heureux qu'eux. Montrez-lui qu'elle ne peut pas savoir si les autres sont plus ou moins heureux que vous, les apparences de leur bonheur étant visibles, mais la façon dont il les affecte, et c'est-à-dire le bonheur lui-même, étant inconnue. Et alors doutant du bonheur d'autrui, elle aura atteint son but qui est de ne pas voir plus heureux que vous.

Et si vous me dites que cette façon de l'éclairer consiste à l'aveugler je vous dirai que l'aveuglement, est la véritable lumière des êtres qui prétendent voir ce qui très assurément est invisible.

Et l'Envie, ainsi traitée, n'aura rien perdu de sa force ; car elle se réjouira toujours du non-bonheur d'autrui ; seulement il y a la manière et sa nouvelle manière sera de douter, avec plaisir, du bonheur des autres au lieu de le constater avec désespoir.

Vous êtes avare. L'avarice est la crainte de manquer. Tempérez l'avarice, d'abord par cette considération qu'un homme qui est avare se fait précisément ce qu'il redoute de devenir, c'est-à-dire indigent et dénué ; ceci est faire appel au sentiment générateur de l'avarice, à savoir le goût de posséder, pour l'opposer à l'avarice elle-même. — Combattez ensuite l'avarice par cette pensée qu'un homme aussi économe que vous l'êtes et qui sait se contenter de si peu, ne pourra jamais souffrir de l'indigence et la brave par son aptitude même à la pratiquer. Ceci, qui est de la haute culture, consiste à tirer une raison et une force contre la passion des entrailles de la passion elle-même. Voilà l'avarice qui a gardé toute sa force mais qui commence à l'employer à s'amoindrir

Ainsi de suite.

Cette méthode, dont je ne suis pas très partisan, du reste, est à l'usage de ceux qui n'ont pas de souplesse, point ou peu, pour ainsi dire, d'élasticité morale, qui n'ont guère qu'une passion, qui ont une passion maîtresse et qui ne peuvent pas, ou presque pas, s'écarter de leur passion pour la combattre, qui sont en elle et qui ne peuvent la diriger que de son centre. Cette méthode, pourtant, n'est pas méprisable et elle n'est point sans efficace.

X. UNE AUTRE MÉTHODE

En voici une autre. La Rochefoucauld n'a découvert, si encore ce fut une découverte, qu'une seule chose, à savoir que les défauts sont voisins des qualités et que les qualités sont voisines des défauts. Dès lors, avec une véridicité mêlée de sophisme, pour prouver que l'homme n'a pas de qualités, il dilue, pour ainsi parler, les qualités dans les défauts qui les avoisinent ; il mêle et brouille les qualités dans leur cortège habituel ; il fait glisser chaque qualité jusqu'au défaut qui en est l'excès ou qui en est la contrefaçon. L'amitié est toujours mêlée ou toujours voisine du désir d'être aimé, ou estimé ou considéré. — Et elle n'est que cela dit le duc : « L'amitié la plus désintéressée n'est qu'un commerce où notre amour propre se propose toujours quelque chose à gagner. » Le courage est toujours accompagne de désir de gloire, de crainte de la honte, d'ambition et du désir d'avilir les autres. — Et il n'est que tout cela, dit le Duc : « L'amour de la gloire, la crainte du déshonneur, le dessein de faire fortune, l'envie d'abaisser autrui, sont souvent les causes de cette valeur si célèbre parmi les hommes. » L'amour est toujours accompagné du désir de recevoir quelque plaisir, si idéal soit-il, de la personne que l'on aime. Ici le moraliste a hésité. Il a dit le mot sublime : « Le plaisir de l'amour est d'aimer. » Mais il s'est corrigé et a dit : a

De l'amour de soi

S'il y a un amour pur et exempt du mélange de nos autres passions, c'est celui qui est caché au fond du cœur et que nous ignorons nous-mêmes » et, il a dit encore : « Si l'on croit aimer sa maîtresse pour l'amour d'elle, on est bien trompé. » — Voilà la méthode pour prouver aux hommes qu'ils n'ont pas de qualités. La Bruyère l'a merveilleusement résumée en ces mots : « Il n'y a point de vice qui n'ait une fausse ressemblance avec une vertu et qui ne s'en aide. »

Dans la culture du moi, pour transformer vos défauts en qualités, prenez exactement la même méthode ; mais à l'inverse. Sollicitez doucement vos défauts pour les faire glisser jusqu'aux qualités qui les avoisinent ou tout au moins jusqu'à leur ressemblance. Ce n'est point d'une difficulté insurmontable ; car, au fond, te défaut n'est qu'une qualité qui se trompe et qui serait une qualité s'il voyait juste. J'ai dit souvent : a Savez-vous pourquoi on ne se corrige pas de ses défauts? C'est qu'on les prend pour des qualités et qu'on en est fier de tout son courage ». Mais aussi les hommes sont excusables : s'ils prennent leurs défauts pour des qualités c'est que ceux-là ressemblent à celles-ci et que l'on peut aisément s'y tromper. Un défaut est une qualité qui se trompe et qui trompe en communiquant l'erreur qu'elle commet. Profitez de cela. Faites glisser vos défauts jusqu'aux qualités qui les avoisinent, ou faites remonter vos défauts jusqu'aux qualités dont il est assez probable qu'ils dérivent.

Vous êtes ambitieux. Rappelez- vous le mot de La Rochefoucauld : « Ce qui paraît générosité n'est souvent qu'une ambition déguisée qui méprise de petits intérêts pour aller à de plus grands»; et dites-vous, à l'inverse : « Mon ambition n'est qu'une générosité d'âme et une belle volonté de puissance qui se trompe sur elle-même, qui ignore comme elle est belle et qui vise la gloire d'être conseiller général. Visons plus haut pour la satisfaire mieux ; affirmons-nous, comme Polyeucte : « J'ai de l'ambition mais plus grande et plus belle » et prescrivons-nous d'être bienfaiteur de l'humanité. »

Vous êtes orgueilleux, ce qui du reste est plus qu'un défaut, puisque c'est une des formes de la sottise, difficile, à cause de cela, soit à déraciner soit à diriger bien. Malgré tout I Dites-vous avec La Rochefoucauld : a L'orgueil a plus de part que la bonté aux remontrances que nous faisons à ceux qui commettent des fautes et nous ne les reprenons pas tant pour les encourager que pour leur persuader que nous en sommes exempts » ; et à l'inverse raisonnez ainsi : a Je méprise. C'est amour du bien mêlé d'orgueil. Au fond c'est amour du bien. Ne retenons que ceci et détestons chez les autres, avec indulgence, et chez nous avec sévérité, ce que nous jugeons être mal. Ce sera obéir à notre passion maîtresse en ce qu'elle a de profond et par conséquent lui obéir véritablement, » Et ceci sera simplement ramener l'orgueil à avoir du bon sens. La Rochefoucauld a dit : « La magnanimité c'est le bon

sens de l'orgueil. »

Vous êtes médisant. La médisance est un mélange de vanité et de malice. N'est-elle que cela? Mon Dieu, à peu près, je le reconnais ; mais encore on y peut trouver quelque curiosité psychologique, le goût d'observer, de scruter, de fouiller les caractères. Qu'est-ce que c'est que les moralistes? Ce sont des commères qui ont du style. Si vous sentez commères êtes-vous moraliste. C'est une promotion. Faites glisser votre goût d'observer pour médire au goût d'observer sans médisance. Il suffit d'un rien ; il suffit, au lieu de dire : « Madame une telle... » de dire : « Il y a des gens qui... » Vous voilà moraliste au lieu de médisant. C'est se satisfaire à la fois et se purifier à bon compte.

Vous êtes opiniâtre. « La petitesse d'esprit fait l'opiniâtreté, dit La Rochefoucauld ; nous ne croyons pas aisément ce qui est au delà de ce que nous voyons. » Il est vrai ; mais la petitesse d'esprit n'est point faiblesse d'esprit ; elle est une sorte de modestie intellectuelle. Prenons notre opiniâtreté comme un conseil que nous donne notre nature de ne pas viser trop haut, de suivre les chemins juste faits pour nos pieds, de savoir « quid valeant humerin » et notre obstination se réduira doucement à n'être qu'une fidélité un peu timide, mais sûre, à notre ligne de conduite.

Vous êtes paresseux. Ici c'est La Rochefoucauld lui-même, qui, tout en disant force mal de la paresse, a le plus finement indiqué les moyens de la cultiver et de la transformer en une vertu, en plusieurs vertus: « Elle se rend maîtresse de nos sentiments, de nos intérêts et de nos plaisirs ; c'est le rémora qui arrête les plus grands vaisseaux ; c'est une bonace plus dangereuse aux plus importantes affaires que les écueils et les tempêtes. » Oui bien; maïs « pendant que la paresse et la timidité nous retiennent dans notre devoir, notre vertu en a souvent tout l'honneur » et c'est-à-dire que notre paresse nous a cependant empêché de faire des sottises aventureuses. « La paresse usurpe sur tous les desseins et sur toutes les actions de la vie et elle y détruit et consomme insensiblement les passions et les vertus », et c'est-à-dire que, consumant les vertus violentes qui sont des passions et les passions vives qui sont des vertus qui s'égarent, elle met l'âme dans cette ataraxie salutaire qui fut tant recommandée par le stoïcisme. Dites-moi si c'est le stoïcisme ou la paresse qui a le plus dit aux hommes : « *Abstine, Sustine*? » L'un le crie, l'autre le murmure ; je ne vois guère d'autre différence. — De là vient que f de tous les défauts, celui dont nous demeurons le plus aisément d'accord, c'est la paresse: nous nous persuadons qu'elle tient à toutes les vertus paisibles et que, sans détruire entièrement les autres, elle en suspend seulement les fonctions ». Voilà précisément la méthode indiquée. Persuadons-nous que notre paresse est une vertu douce et paisible qui réfrène doucement notre volonté de puissance, notre ambition, notre libertinage notre inquiétude, notre démangeaison de changer déplace, notre goût pour la nouveauté des lieux, notre instinct révolutionnaire (rerum novarum libido), notre instinct combatif, notre méchanceté, notre insolence; que c'est elle qui conjure « le plus grand malheur des hommes » qui est « de ne pas pouvoir rester tranquille dans une chambre » ; qu'elle est l'huile de l'âme, cette huile que l'on verse autour du vaisseau pour aplanir les flots émus et pour ramener « la bonace ». Que pourrait faire de plus une vertu ? — Et en effet, c'en est une. Il suffit de lui persuader qu'elle en est une. Il suffit de la mettre en face de ses bons effets et de l'hypnotiser par ce spectacle, de telle sorte qu'elle ne vise qu'à avoir ceux-là. Il suffit de se dire : « Tu es paresseux ; c'est-à-dire que tu es conciliant, tempérant, pacifique, indulgent et doux ; sois tout cela ; c'est ta nature et elle est bonne ; mais sois-le raisonnablement, dans les limites où la raison approuve que tu le sois. De quelque nom, du reste, que tu l'appelles ou qu'on le nomme, ce n'est pas cela qui importe. »

De l'amour de soi

On trouvera dans le Traité des Passions de Descartes un bon tracé de cette méthode ; car, comme il a ce préjugé que toutes les passions ont leur bon côté, il le trouve toujours et il nous indique ainsi comment nous pouvons transformer nos passions en vertus selon l'aspect sous lequel nous les regardons, et par notre application à les regarder de ce biais.

On me dira que cela revient, comme je l'ai indiqué déjà, à tenir nos défauts pour des qualités. Chez les sots, chez les simples, c'est cela même ; il n'en saurait être autrement et il faut se résigner à cela. Chez les réfléchis c'est un art qui prend nos défauts, bien connus, biens constatés, comme une matière malléable, la seule du reste sur quoi nous puissions travailler, et qui en écarte ou neutralise l'élément impur et qui les sculpte selon un modèle qu'eux-mêmes nous fournissent quoi- que indécis et confus ; et c'est encore le grand seigneur moraliste qui a dit mieux que je ne saurais dire : « Les vices entrent dans la composition des vertus comme les poisons dans la composition des remèdes : la prudence les assemble et les tempère et elle s'en sert utilement contre les maux de la vie. »

En tout cas cette méthode est conforme au grand précepte stoïcien, si tant est qu'elle ne soit pas ce grand précepte lui-même : « Vivre conformément à sa nature » ; ne pas la forcer, ne pas la combattre, ne

De l'amour de soi

pas la détruire (nonobstant ce qu'ils ont dit ailleurs et nonobstant leurs contradictions réelles ou apparentes), la bien connaître et bien la suivre — (car que pourrions-nous faire autre chose?) — en l'inclinant seulement par mouvements et pressions insensibles à faire nettement, précisément, ce qu'obscurément elle désire faire. Vivre conformément à sa nature d'une façon raisonnable c'est simplement amener la nature inconsciente à l'acte conscient et rien de plus.

De l'amour de soi

XI. UNE AUTRE ENCORE

Il y a cependant une troisième méthode de culture du moi, par laquelle on ne sort point, non plus que précédemment, de l'amour de soi, quoi qu'il puisse y paraître ; et bien au contraire ; mais qui ne consiste plus dans la culture des passions et des défauts. Cette méthode est celle-ci : ne pas considérer nos passions, nos défauts, ni même nos qualités comme étant nous- même ; mais comme des accidents ou comme des adventices qui se sont superposés à notre nous-même ; chercher le moi au-dessous d'eux et parvenir à le saisir.

On ne dira pas que ce soit là ne plus s'aimer, puisqu'ici, mécontents de toutes ces tendances, dites bonnes ou dites mauvaises, que nous avons en commun avec tant de sots, de faibles ou de croquants que nous méprisons, nous nous cherchons nous-même pur, nous-même sans alliage, nous-même sans adultération, et nous-même sans communauté compromettante ou humiliante avec d'autres.

De l'amour de soi

Or ce nous-même immaculé, ce moi pur, qu'est-ce bien ? C'est le moi qui n'est pas mené ; mais qui se mène ; c'est le moi qui n'est pas tiraillé par des forces qu'il sent bien, quoique collées à lui, lui être étrangères ; c'est le moi qui ne joue plus ce jeu fatigant, humiliant et dangereux de composer et de ruser avec ces forces ; c'est le moi qui les supprime net et qui marche seul ; c'est le moi libre. Il n'y a rien qui soit nous, nous disent les philosophes Cartésiens, rien, excepté la liberté. Nos passions, c'est nous et ce n'est pas nous. C'est nous comme le maître que nous suivons et dont nous faisons partie par cela même ; c'est nous comme l'esclave que nous dressons, mais dont nous dépendons par le soin même que nous mettons à le dresser ; c'est nous comme la maladie que nous portons dans nos veines, ou comme la vigueur factice que nous venons de puiser dans le vin ou dans un exemple qui nous a exalté. Ce n'est pas nous-même ; ce n'est pas un moi qui se sente indépendant, autonome, auto-agissant et intact et intangible. Si donc vous voulez être vous-même, conquérez-vous, conquérez votre liberté absolue. Supprimez tout le faux moi, tout le moi apparent ; supprimez toutes vos passions, quelles qu'elles soient. Ne dites pas comme Vauvenargues : « si vous avez quelque passion noble, qu'elle vous soit chère. » La passion noble étant toujours mêlée de passions très populaires ou voisine de passions très plébéiennes, il ne faut pas s'y fier du tout ni l'aimer le moins du monde. Supprimez-les toutes. Et alors réduit, à quoi ? à une force, la volonté et à une lumière, la raison, agissez par cette force, d'après cette lumière.

Remarquez bien : par cette force, d'après cette lumière. Il ne faudrait pas se contenter de la liberté et, comme certains héros de Corneille, être satisfait d'une action par cela seul qu'elle fût libre ; et agir librement pour le seul plaisir d'agir librement ; et se faire maître de soi pour le seul plaisir d'être maître de soi ; et croire, parce que le devoir est difficile, que c'est ce qui est difficile qui est le devoir. Non ; la liberté ainsi pratiquée, la liberté pour elle-même, la liberté gratuite, serait un simple exercice d'imagination et une sorte de folie du libre arbitre. La difficulté du devoir en est le signe, non l'essence ; elle le désigne, elle ne le constitue pas. Il s'agit d'agir librement sur les indications de la raison : la raison voit ; moi le libre marche.

Voilà une culture du moi. Elle est une culture par sarclage ; elle consiste à brûler toutes les mauvaises herbes, peut-être les bonnes ; et à rester sur son terrain propre, sur le plus net et le plus pur de son terrain.

Ne dites pas ou ne croyez pas triompher en disant que l'homme n'agit que par ses passions, que, par conséquent, toutes ses passions ôtées, il sera très beau, peut-être, mais très nul ; très bon, peut-être, mais très dénué et qu'il n'agira plus du tout. Vous oublieriez que la liberté elle-même peut être une passion. Elle en est une. Elle est une passion que l'homme se donne à soi-même. L'homme qui veut être libre est un être qui, obsédé par ses passions et tyrannisé par elles, se fait une passion du désir qu'il a de les détruire. Il est un être qui veut n'avoir qu'une passion, la passion de tuer les passions. La liberté consiste à faire de la liberté une passion et chaque acte de liberté constitue la liberté en passion plus forte, plus souveraine et du reste plus jalouse.

Et l'on sait qu'elle peut devenir une passion terrible, envahissante, destructrice obstinée et acharnée de tout ce qui n'est pas elle. Cela pourquoi ? Parce qu'elle est une passion tout à fait sut generis et tout à fait originale- Elle n'a pas, comme chacune des autres passions, une autre passion qui lui fasse contre-poids ou qui puisse le faire ; elle n'a pas, comme chacune des autres passions, une autre passion voisine, en laquelle elle puisse se transformer, vers laquelle elle puisse glisser jusqu'à une transformation partielle ou quasi complète. Elle seule n'admet véritablement qu'elle seule. Elle seule veut être unique et a pour caractère même de ne pouvoir souffrir qu'elle-même. Elle veut pour elle, non seulement la souveraineté, mais l'unité.

Et si l'on me dit qu'il est d'une psychologie douteuse de supposer une passion créée par l'homme et qu'il se donne, je répondrai que l'homme ne se donne pas, à vrai dire, la passion de la liberté ; que la liberté c'est lui-même et que la liberté devenue passion c'est lui-même encore en tant qu'être combatif, en tant qu'être qui, pour être, a eu primitivement à combattre mille ennemis plus forts que lui, bêtes fauves, reptiles, etc., qui est resté combatif et qui obéit au fond le plus profond de sa nature, en combattant ses fauves intérieurs avec l'allégresse et l'ivresse ardente de la lutte.

Et si l'on me dit enfin que la liberté est une illusion, on comprendra aisément qu'ici l'objection n'en est pas une, puisqu'il s'agit de pratique, puisqu'une illusion est une idée et puisque une idée est une idée-force dès qu'elle se pénètre de passion ; puisqu'en conséquence, pour une pure illusion nous pouvons entrer en acte et en une série d'actes indéfinie.

XII. SE AMANDI PERITUS

De toutes ces cultures du moi vous pouvez choisir celle que vous voudrez- Chacune a son mérite et c'est encore obéir à sa nature que de choisir celle qui y est conforme. Toutes supposent et même exigent l'amour de soi. Aimez-vous les uns les autres et aimez-vous vous-mêmes, avec dévouement. De ses « chères filles » de Saint-Cyr, Madame de Maintenon disait : « Il faut leur apprendre à aimer comme à faire toutes choses, raisonnablement. » — Il faut aussi apprendre à s'aimer comme à faire toutes choses, judicieusement.

Août 1909.

Fin du livre.